W0063861

Isabel Brancq-Lepage

EIS
EISDESSERTS
EISTORTEN

Fotos: Gwénaël Quantin
Foodstyling: Isabel Brancq-Lepage

Bassermann
Inspiration

Vorwort

Nichts ist schöner als das Lob: „Dein Eis schmeckt besonders lecker!" – vor allem, wenn Sie es selbst zubereitet haben. Denn Eiscreme selbst herzustellen, ist wirklich so einfach, dass Sie es auf jeden Fall einmal ausprobieren sollten. Hier noch ein paar Tipps und Tricks für gutes Gelingen:

• Gutes Eis durch gute Zutaten! Nur mit reifen Früchten der Saison, erstklassiger Schokolade, guter Vollmilch, extrafrischen Eiern und frischer Sahne wird Ihr Eis so richtig gut.

• Arbeiten Sie weitestgehend mit gut gekühlten Produkten, lassen Sie Eiercreme, geschmolzene Schokolade oder jede andere Zubereitung, die etwas länger zum Festwerden in Eismaschine oder im Gefrierfach brauchen könnte, erst vollständig erkalten.

• Für ein gutes Eis braucht man nicht unbedingt eine Eismaschine. Wenn Sie das Eis im Gefrierfach zubereiten, wählen Sie vorzugsweise Rezepte mit höherem Zucker- und Fettgehalt, denn je höher deren Anteil ist, desto weniger neigt das Eis beim Gefrieren zur Kristallbildung. Allerdings muss das Eis regelmäßig durchgerührt und wieder ins Gefrierfach gegeben werden, damit es möglichst cremig wird.

Freuen Sie sich nun auf tolle Rezepte für Eiscremes und Sorbets, Eis am Stiel, im Hörnchen oder im Becher sowie überraschende geeiste Dessertkreationen!

Guten Appetit!

Isabel Brancq-Lepage

Inhalt

—— Eiscremes & Sorbets ——

— Eis am Stiel & im Hörnchen —

—— Eis im Becher ——

—— Eisdesserts & Eistorten ——

— Hörnchen, Sauce & Getränke —

Eiscremes
& Sorbets

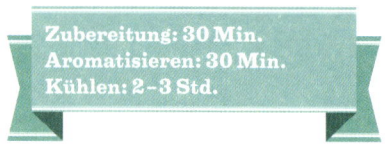

Zubereitung: 30 Min.
Aromatisieren: 30 Min.
Kühlen: 2–3 Std.

Gefrierzeit

25 Min. (Eismaschine)
oder 4–5 Std. (Gefrierfach)

Zutaten für 1 Liter Eiscreme

750 ml Vollmilch

1 Vanillestange

6 Eigelb

260 g Zucker

1 Päckchen Vanillezucker

VARIANTE

Sie können 70 g gehackte
Pekannüsse, Macadamianüsse oder
Mandeln, Bonbonsplitter, klein
gewürfelte Sahnekaramellen
oder Kekskrümel unter die
Eiercreme rühren.

Tipp!

**Mit diesem Grundrezept
können Sie jede Eiscreme
Ihrer Wahl zubereiten.
Diese Vanillecreme wird auch
Englische Creme genannt.**

Vanilleeis

1. Die Milch in einen Topf füllen. Die Vanillestange längs aufschlitzen und das Mark mit einem kleinen Messer herauskratzen. Vanillestange und Mark zur Milch in den Topf geben und bei niedriger Hitze kurz aufkochen. Den Herd ausschalten und die Milch 30 Minuten bei aufgesetztem Deckel ziehen lassen.

2. Eigelb, Zucker und Vanillezucker in eine Schüssel geben und kräftig aufschlagen, bis die Masse blass-cremig ist.

3. Die Vanillestange aus der Milch nehmen und die Milch nach und nach unter Rühren in die Eiermasse gießen. Die Schüssel auf ein Wasserbad setzen und bei niedriger Hitze rühren, bis die Creme eindickt und einen Kochlöffel überzieht. Die Schüssel vom Wasserbad nehmen und die Creme abgedeckt erkalten lassen. Dann 2–3 Stunden im Kühlschrank kühlen.

4. Die Creme in die Eismaschine füllen und nach Angaben des Herstellers zu Eiscreme verarbeiten (etwa 25 Minuten).

5. Die Eiscreme in einen zuvor tiefgekühlten Behälter füllen. Das Vanilleeis sofort servieren oder im Gefrierfach aufbewahren.

6. Falls keine Eismaschine vorhanden ist, die Creme in einen gefriergeeigneten Behälter mit Deckel füllen und 4–5 Stunden tiefkühlen. Dabei nach 1 Stunde die Creme in eine gut gekühlte Schüssel umfüllen und kräftig rühren, um Eiskristalle zu zerstören. Wieder in den Behälter füllen und ins Gefrierfach geben. Den Vorgang ein- bis zweimal wiederholen.

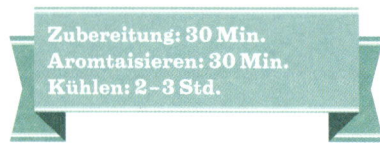

Zubereitung: 30 Min.
Aromataisieren: 30 Min.
Kühlen: 2–3 Std.

Gefrierzeit

25 Min. (Eismaschine)
oder 4–5 Std. (Gefrierfach)

Zutaten für 1 Liter Eiscreme

300 ml Vollmilch

80 g gemahlene Pistazien

4 Eigelb

170 g Zucker

300 g gut gekühlte Schlagsahne

30 g ungesalzene Pistazienkerne

Pistazieneis

1. Eine Rührschüssel im Kühlschrank kühlen.

2. Die Milch mit den gemahlenen Pistazien in einen Topf füllen und bei niedriger Hitze kurz aufkochen. Den Topf vom Herd nehmen und die Milch 30 Minuten bei aufgesetztem Deckel ziehen lassen.

3. Eigelb und Zucker in eine Schüssel geben und kräftig aufschlagen, bis die Masse blass-cremig ist.

4. Die Pistazienmilch nach und nach unter Rühren in die Eiermasse gießen. Die Schüssel auf ein Wasserbad setzen und bei niedriger Hitze rühren, bis die Creme eindickt und einen Kochlöffel überzieht. Die Schüssel vom Wasserbad nehmen und die Creme abgedeckt erkalten lassen. Dann 2–3 Stunden im Kühlschrank kühlen.

5. Schlagsahne und Rührschüssel aus dem Kühlschrank nehmen und die Sahne in der Schüssel steif schlagen. Vorsichtig unter die Pistaziencreme heben.

6. Die Pistazienkerne grob hacken und in einer Pfanne ohne Fettzugabe oder im Backofen 2–3 Minuten rösten. Unter die Creme ziehen.

7. Die Pistaziencreme in die Eismaschine füllen und nach Angaben des Herstellers zu Eiscreme verarbeiten (etwa 25 Minuten).

•••

...

Pistazieneis (Fortsetzung)

8. Die Eiscreme in einen zuvor tiefgekühlten Behälter füllen. Das Pistazieneis sofort servieren oder im Gefrierfach aufbewahren.

9. Falls keine Eismaschine vorhanden ist, die Creme in einen gefriergeeigneten Behälter mit Deckel füllen und 4–5 Stunden tiefkühlen. Dabei nach 1 Stunde die Creme in eine gut gekühlte Schüssel umfüllen und kräftig rühren, um Eiskristalle zu zerstören. Wieder in den Behälter füllen und ins Gefrierfach geben. Den Vorgang ein- bis zweimal wiederholen.

VARIANTEN

Ersetzen Sie die Pistazien durch abgezogene Mandeln, gehackte Walnüsse oder Haselnüsse.

Bevor die Creme in die Eismaschine gefüllt wird, können Sie noch gehackte Schokolade unterziehen.

Tipp!

Dieses Pistazieneis wird nicht so grün, wie man es aus der Eisdiele kennt. Wenn Sie die Farbe etwas auffrischen wollen, arbeiten Sie 3 Tropfen grüne Lebensmittelfarbe in die Schlagsahne ein.

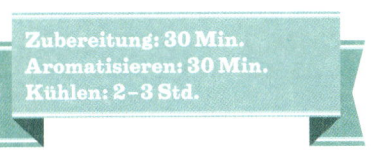

Zubereitung: 30 Min.
Aromatisieren: 30 Min.
Kühlen: 2–3 Std.

Gefrierzeit

25 Min. (Eismaschine)
oder 4–5 Std. (Gefrierfach)

Zutaten für 1 Liter Eiscreme

300 ml Vollmilch

60 g Kakaopulver

4 Eigelb

170 g Zucker

250 g Mascarpone

VARIANTE

Ersetzen Sie das Kakaopulver durch 4 Esslöffel Espressopulver (Espressomilch durch ein Haarsieb passieren) und aromatisieren Sie die Espressomilch mit 1–2 Esslöffeln Zimtpulver oder 5 g Lakritz.

Schokoladen-Mascarpone-Eis

1. Die Milch in einen Topf füllen und das Kakaopulver unterrühren. Die Milch bei niedriger Hitze unter Rühren kurz aufkochen. Den Herd ausschalten und die Milch 30 Minuten bei aufgesetztem Deckel ziehen lassen.

2. Eigelb und Zucker in eine Schüssel geben und kräftig aufschlagen, bis die Masse blass-cremig ist.

3. Die Schokoladenmilch nach und nach unter Rühren in die Eiermasse gießen. Die Schüssel auf ein Wasserbad setzen und bei niedriger Hitze rühren, bis die Creme eindickt und einen Kochlöffel überzieht. Die Schüssel vom Wasserbad nehmen und die Creme abgedeckt erkalten lassen. Dann 2–3 Stunden im Kühlschrank kühlen.

4. Den Mascarpone in einer Schüssel glatt und cremig rühren. Unter die Schokoladencreme ziehen. Die Schokoladen-Mascarpone-Creme in die Eismaschine füllen und nach Angaben des Herstellers zu Eiscreme verarbeiten (etwa 25 Minuten).

5. Die Eiscreme in einen zuvor tiefgekühlten Behälter füllen. Das Schokoladen-Mascarpone-Eis sofort servieren oder im Gefrierfach aufbewahren.

6. Falls keine Eismaschine vorhanden ist, die Creme in einen gefriergeeigneten Behälter mit Deckel füllen und 4–5 Stunden tiefkühlen. Dabei nach 1 Stunde die Creme in eine gut gekühlte Schüssel umfüllen und kräftig rühren, um Eiskristalle zu zerstören. Wieder in den Behälter füllen und ins Gefrierfach geben. Den Vorgang ein- bis zweimal wiederholen.

Zubereitung: 5 Min.

Frozen Yogurt mit Blaubeeren

Zutaten für 1 Liter Eiscreme

500 g tiefgefrorene Blaubeeren

450 g Naturjoghurt (3,5 %)

100 g Rohrohrzucker

50–100 ml wahlweise Kuh-, Mandel-
oder Kokosmilch

1. Die noch gefrorenen Blaubeeren rasch mit Joghurt und Rohrzucker mixen (wenn die Konsistenz zu fest ist, etwas Milch einarbeiten).

2. Sofort servieren.

VARIANTEN

Wenn Beeren und Joghurt gemixt sind, können Sie 100 g Kekse oder Waffelröllchen zufügen und grob mixen.

Für einen beschwipsten Frozen Yogurt arbeiten Sie 20–40 ml Wodka, Orangen- oder Beerenlikör ein.

Tipp!

Wenn Sie frisches Obst wie Himbeeren, Bananen, Pfirsiche, Aprikosen, Erdbeeren oder Mangos verwerten wollen, gilt eine umgekehrte Zubereitungsweise: Stellen Sie den Joghurt 1 Stunde ins Tiefkühlfach und mixen Sie dann Obst und Zucker hinein.

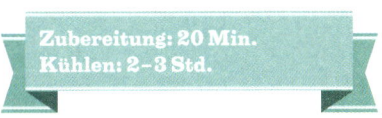

Gefrierzeit

25 Min. (Eismaschine)
oder 4–5 Std. (Gefrierfach)

Zutaten für 1 Liter Eiscreme

2 Eigelb

100 g Zucker

500 ml Kokosmilch

250 g Schlagsahne

Kokoseis

1. Eigelb und Zucker in eine Schüssel geben und kräftig aufschlagen, bis die Masse blass-cremig ist.

2. Kokosmilch und Sahne in einen Topf füllen und kurz aufkochen. Die Kokossahne nach und nach unter Rühren in die Eiermasse gießen.

3. Die Schüssel auf ein Wasserbad setzen und bei niedriger Hitze rühren, bis die Creme eindickt und einen Kochlöffel überzieht. Die Schüssel vom Wasserbad nehmen und die Kokoscreme abgedeckt erkalten lassen. Dann 2–3 Stunden im Kühlschrank kühlen.

4. Die Kokoscreme in die Eismaschine füllen und nach Angaben des Herstellers zu Eiscreme verarbeiten (etwa 25 Minuten).

5. Die Eiscreme in einen zuvor tiefgekühlten Behälter füllen. Das Kokoseis sofort servieren oder im Gefrierfach aufbewahren.

6. Falls keine Eismaschine vorhanden ist, die Creme in einen gefriergeeigneten Behälter mit Deckel füllen und 4–5 Stunden tiefkühlen. Dabei nach 1 Stunde die Creme in eine gut gekühlte Schüssel umfüllen und kräftig rühren, um Eiskristalle zu zerstören. Wieder in den Behälter füllen und ins Gefrierfach geben. Den Vorgang ein- bis zweimal wiederholen.

VARIANTE

Bereiten Sie das Rezept mit Mandel-, Reis- oder Sojamilch zu und aromatisieren Sie die heiße Milch-Sahne-Mischung mit dem Mark einer Vanillestange, 50 g Kokosraspeln oder 50 g geschmolzener dunkler Schokolade.

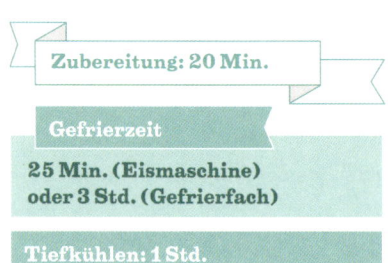

Zutaten für 6 bis 8 Stück

120 g Zucker

Saft von 1 Zitrone

500 g schwarze Johannisbeeren
(oder andere rote Beeren)

30 g Schokoladenstreusel, bunte
Zuckerstreusel oder Kekskrümel

Fruchtsorbet

1. Zucker, 250 ml Wasser und Zitronensaft in einem Topf verrühren und sanft zum Kochen bringen, bis der Zucker sich aufgelöst hat.

2. Die Beeren in den Sirup geben und bei niedriger Temperatur 5 Minuten unter Rühren garen.

3. Die Mischung im Mixer fein pürieren. Das Püree durch ein Haarsieb streichen und vollständig erkalten lassen.

4. Die Masse in die Eismaschine füllen und nach Angaben des Herstellers zu Eiscreme verarbeiten (etwa 20–25 Minuten).

5. Falls keine Eismaschine vorhanden ist, die Masse in einen gefriergeeigneten Behälter mit Deckel füllen und 3 Stunden tiefkühlen. Dabei nach 1 Stunde das Sorbet in eine gut gekühlte Schüssel umfüllen und kräftig rühren, um Eiskristalle zu zerbrechen. Wieder in den Behälter füllen und ins Gefrierfach geben. Den Vorgang ein- bis zweimal wiederholen.

6. Das Sorbet in Schiebehüllen füllen und die Oberfläche mit Streuseln oder Krümeln garnieren. Vor dem Servieren nochmals 1 Stunde tiefkühlen.

Tipp!

Für ein Apfel-, Pfirsich- oder Birnensorbet die Früchte schälen, entkernen bzw. entsteinen und in Stücke schneiden. In einem Topf mit 700 ml Apfel-, Pfirsich- oder Birnensaft weich kochen (wenn die Früchte sehr aromatisch sind, ist kein weiterer Zucker erforderlich), dann pürieren und durch ein Sieb streichen.

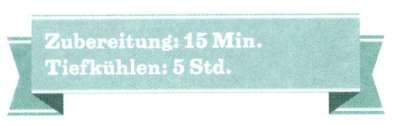

Zubereitung: 15 Min.
Tiefkühlen: 5 Std.

Melonen-Basilikum-Sorbet

Zutaten für 4 bis 6 Stück

300 g Melonenfruchtfleisch

150 g Zucker

fein abgeriebene Schale und Saft
   von 1 Zitrone

150 g Schlagsahne, sehr gut gekühlt

4 Basilikumblätter, fein gehackt

2 kalte Eiweiß

1 Prise Salz

1. Das Melonenfruchtfleisch in Stücke schneiden und mit 120 g Zucker, Zitronenschale und -saft glatt pürieren.

2. Die Sahne steif schlagen und portionsweise unter das Melonenpüree heben. Das Basilikum unterziehen.

3. Das Eiweiß mit dem Salz 2 Minuten steif schlagen. Den restlichen Zucker einarbeiten, bis die Masse sehr fest ist. Unter die Eismasse heben.

4. Die Eismasse in vier bis sechs Eis- oder Portionsförmchen füllen und mit Frischhaltefolie bedecken. Vor dem Servieren mindestens 5 Stunden tiefkühlen.

VARIANTEN

Ersetzen Sie den Zitronen- durch Limettensaft oder 1 Teelöffel Calvados. Auf dieselbe Weise können Sie auch ein Mango-Limetten-Sorbet zubereiten (mit 300 g Mangopüree sowie Saft und Abrieb von 1 Limette), ein Ananas-Ingwer-Sorbet (mit 300 g Ananaspüree und 15 g frisch geriebenem Ingwer) oder ein Himbeer-Rosen-Sorbet (mit 300 g Himbeerpüree und 1 Teelöffel Rosenwasser).

Eis am Stiel & im Hörnchen

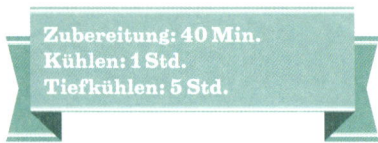

Zubereitung: 40 Min.
Kühlen: 1 Std.
Tiefkühlen: 5 Std.

Vanilleeis im Schokomantel

Zutaten für 6 Stück

Eismasse

200 g Schlagsahne

1 Vanillestange

2 Eier

60 g Zucker

1 Prise Salz

1 gehäufter EL flüssiger Honig

Schokoladenüberzug

400 g dunkle Kuvertüre

50 g gehackte Haselnüsse

6 Eisstiele

1. Die Sahne in einen Topf füllen. Die Vanillestange längs aufschlitzen und das Mark mit einem kleinen Messer herauskratzen. Vanillestange und Mark zur Sahne in den Topf geben. Die Sahne bei niedriger Hitze kurz aufkochen, dann den Herd ausschalten und die Sahne bei aufgesetztem Deckel abkühlen lassen. Die Vanillesahne in eine Schüssel gießen und 1 Stunde im Kühlschrank ziehen lassen.

2. Die Eier trennen. Das Eigelb mit 30 g Zucker in einer Schüssel kräftig aufschlagen, bis die Masse blass-cremig ist.

3. Das Eiweiß mit dem Salz steif schlagen. Den restlichen Zucker einarbeiten, bis die Masse sehr fest ist.

4. Den Honig erwärmen und unter Rühren in den Eischnee gießen. Den Eischnee unter die Eigelbmasse heben.

1

5. Die Vanillestange aus der Sahne nehmen und die Sahne steif schlagen. Sorgfältig unter die Eiermasse heben.

6. Die Masse in Eisförmchen füllen und je einen Eisstiel hineinstecken. Etwa 5 Stunden im Gefrierfach fest werden lassen.

7. Für den Schokoladenüberzug die Kuvertüre grob hacken und in einer hitzebeständigen Schüssel im Wasserbad schmelzen. Die gehackten Haselnüsse unterrühren.

•••

...

Vanilleeis im Schokomantel (Fortsetzung)

8. Wenn das Eis am Stiel gefroren ist, rasch in die Kuvertüre tauchen, abtropfen lassen und auf einen Bogen Alufolie legen. (Durch den Kontakt mit dem Eis wird die Kuvertüre schnell wieder fest. Damit sie flüssig bleibt, sollten Sie die Schüssel im warmen Wasserbad lassen.)

9. Das Eis sofort servieren oder einige Stunden in einem großen Behälter ins Gefrierfach geben.

Tipp!

Wenn Sie keine Eisförmchen haben, können Sie die Eismasse in gereinigte Joghurtbecher füllen und dann hölzerne Eisstiele hineinstecken.

VARIANTEN

Die Haselnüsse können durch andere gehackte Nüsse oder Kekskrümel ersetzt werden.

Für einen doppelt knackigen Überzug tauchen Sie das Eis erst in die flüssige Kuvertüre, sobald diese erstarrt ist, in flüssiges Karamell und dann nochmals in die Kuvertüre.

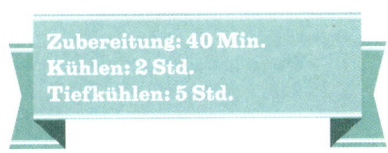

Erdbeereis in knackiger Schokohülle

Zutaten für 6 Stück

Eismasse

1 Orange

1 Zitrone

400 g vollreife Erdbeeren

180 g Zucker

40 g gut gekühlte Schlagsahne

Schokoladenüberzug

400 g dunkle Kuvertüre

50 g gebrannte Mandeln, sehr
fein gehackt (alternativ gefrier-
getrocknete Erdbeeren oder
Himbeeren)

6 Eisstiele

1. Orange und Zitrone auspressen. Die Erdbeeren waschen und putzen.

2. Die Erdbeeren mit Orangen- und Zitronensaft sowie Zucker glatt pürieren und in eine Schüssel füllen. Abgedeckt 2 Stunden im Kühlschrank ziehen lassen.

3. Die Sahne steif schlagen und vorsichtig unter das gekühlte Erdbeerpüree heben.

4. Die Masse in Eisförmchen füllen und je einen Eisstiel hineinstecken. Etwa 5 Stunden im Gefrierfach fest werden lassen.

5. Für den Schokoladenüberzug die Kuvertüre grob hacken. In einer hitzebeständigen Schüssel im Wasserbad schmelzen und glatt rühren.

6. Wenn das Eis am Stiel gefroren ist, rasch in die Kuvertüre tauchen und abtropfen lassen. Mit den Mandelsplittern bestreuen und auf einen Bogen Alufolie legen. (Durch den Kontakt mit dem Eis wird die Kuvertüre schnell wieder fest. Damit sie flüssig bleibt, sollten Sie die Schüssel im warmen Wasserbad lassen.) Das Eis sofort servieren oder einige Stunden in einem großen Behälter ins Gefrierfach geben.

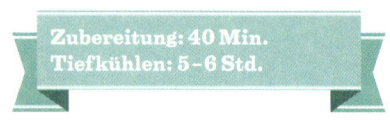

Zubereitung: 40 Min.
Tiefkühlen: 5–6 Std.

Zutaten für 6 Stück

Eismasse
2 Eigelb
100 g Zucker
500 ml Kokosmilch
250 g Schlagsahne
50 g frisch geraspeltes Kokosfleisch

Füllung
50 g Kokosraspel
ca. 90 g Schokoriegel (z. B. Bounty®)
50 g dunkle Kuvertüre

6 Eisstiele

Kokoseis mit Schokostückchen

1. Für die Eismasse Eigelb und Zucker in eine Schüssel geben und kräftig aufschlagen, bis die Masse blass-cremig ist.

2. Kokosmilch und Sahne in einen Topf füllen und bei niedriger Hitze kurz aufkochen. Nach und nach unter Rühren in die Eiermasse gießen.

3. Die Schüssel auf ein Wasserbad setzen und bei niedriger Hitze rühren, bis die Creme eindickt und einen Kochlöffel überzieht. Die Schüssel vom Wasserbad nehmen und das geraspelte Kokosfleisch untermischen. Abdecken und vollständig erkalten lassen.

4. Die Kokoscreme in einen flachen Behälter mit Deckel füllen und 3 Stunden im Gefrierfach fest werden lassen.

5. Für die Fertigstellung die Kokosraspel in einer Pfanne ohne Fettzugabe 1 Minute bei niedriger Hitze rösten. Die Schokoriegel in kleine Stücke schneiden.

6. Die Kuvertüre grob hacken und im Wasserbad schmelzen. Lauwarm abkühlen lassen.

7. Das Kokoseis aus dem Gefrierfach nehmen und mit einer Gabel durchrühren, um Eiskristalle zu zerstören.

8. Die Hälfte der gerösteten Kokosraspel auf sechs kleine Papierförmchen verteilen. Nun abwechselnd Schichten von Kokoseis, flüssiger Kuvertüre und Riegelstückchen in die Förmchen geben, bis die Zutaten aufgebraucht sind. Mit den restlichen Kokosraspeln bestreuen.

9. Jeweils mit Alufolie abdecken, je einen Eisstiel in die Mitte durch die Alufolie hineinstecken und 2–3 Stunden im Gefrierfach fest werden lassen.

10. Die Papierförmchen aufreißen und das Eis sofort servieren.

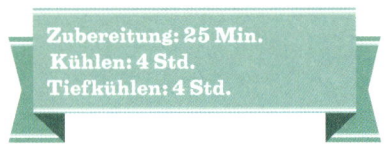

Zubereitung: 25 Min.
Kühlen: 4 Std.
Tiefkühlen: 4 Std.

Krokanteis im Hörnchen

Zutaten für 6 Hörnchen

400 g Schlagsahne

100 g fein gehackter Krokant,
    plus etwas zum Garnieren

50 g dunkle Kuvertüre

6 Eishörnchen (Rezept siehe S. 93)

30 g bunte Zuckerperlen

1. Die Sahne mit dem Krokant in einem Topf unter Rühren sanft erhitzen, dann abkühlen lassen.

2. Die Sahne in eine Schüssel füllen und 4 Stunden im Kühlschrank ziehen lassen.

3. Die Kuvertüre grob hacken und im Wasserbad schmelzen.

4

4. Den Rand der Hörnchen in die flüssige Kuvertüre tauchen und dann in die Zuckerperlen.

5. Die Hörnchen auf einen Bogen Backpapier legen und die Schokolade fest werden lassen.

6. Die Krokantsahne sehr steif schlagen.

7. Die Krokantsahne in die Hörnchen füllen.

•••

...

Krokanteis im Hörnchen (Fortsetzung)

8. Das Eis mit dem zusätzlichen Krokant bestreuen.

9. Die Hörnchen mit Frischhaltefolie abdecken und 4 Stunden (in senkrechter Position) tiefkühlen.

VARIANTE

Erhitzen Sie die Sahne statt mit Krokant mit 2 Zimtstangen, 1 aufgeschlitzten Vanillestange, 4 Karamellbonbons oder 1 Karamellriegel.

Tipp!

Schmelzen Sie 150 g Kuvertüre und streichen Sie die Innenwände der Hörnchen damit aus. Lassen Sie sie 15 Minuten im Gefrierfach in aufrechter Position fest werden, bevor Sie sie mit Eis füllen.

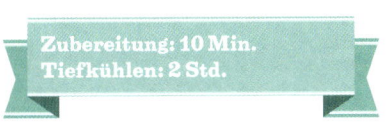

Wassereis

Zutaten für 6 Stück

200 ml Apfelsaft

200 ml roter Fruchtsaft

50 ml Minzsirup

1. Die Folienschläuche mit dem Apfel- bzw. dem roten Fruchtsaft füllen und dicht verschließen (Clip oder Gummiband).

2. Den Minzsirup in einem Messbecher mit 200 ml Wasser verdünnen und weitere Folienschläuche damit füllen.

3. Das Wassereis 2 Stunden im Gefrierfach fest werden lassen.

Sie können auch pürierte Früchte abfüllen, wie Zitrusfrüchte, rote Beeren, Melone oder Pfirsich. Geben Sie dem selbst gemachten Püree auch gehackte Kräuter wie Minze oder Zitronenverbene bei.

Tipp!

Mit diesem supereinfachen Rezept lässt sich kinderleicht leckeres Eis herstellen, und zwar mit allen Säften und Getränken, die Sie mögen. Statt der Folienschläuche können Sie auch kleine Joghurtbecher nehmen.

Eis im Becher

Nougateis mit Nusskrokant

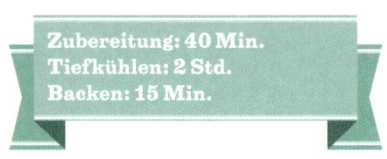

Zubereitung: 40 Min.
Tiefkühlen: 2 Std.
Backen: 15 Min.

Zutaten für 6 Portionen

Eismasse

4 Eigelb

20 g Zucker

500 ml Milch

220 g Nussnougatcreme

Krokant

50 g geschälte Haselnusskerne

50 g kalte gesalzene Butter

80 g Rohrohrzucker

1. Den Backofen auf 200 °C vorheizen.

2. Für den Krokant die Haselnüsse hacken und in einer Pfanne ohne Fettzugabe bei niedriger Hitze 5 Minuten rösten.

3. Die Butter in Stücke schneiden und in einer Schüssel mit Zucker und Haselnüssen mit den Fingern krümelig verreiben. Wenn die Masse zu klebrig ist, noch etwas Zucker oder mehr Haselnüsse einarbeiten.

4. Die Masse auf einem mit Backpapier belegten Backblech verteilen und 15 Minuten im vorgeheizten Backofen backen. Erkalten lassen.

5. Für die Eismasse Eigelb und Zucker in eine Schüssel geben und kräftig aufschlagen. Die Milch unterrühren.

6. Die Mischung in einen Topf umfüllen und bei mittlerer Hitze etwa 5 Minuten erhitzen, bis die Creme eindickt und einen Kochlöffel überzieht. Erkalten lassen.

7. Nussnougatcreme in eine Schüssel geben. Ein Drittel der Eiercreme zufügen und mit dem Handmixer unterrühren. Dann die restliche Creme zufügen und einarbeiten.

8. Die Eismasse in kleine Becher mit Deckel füllen und 2 Stunden tiefkühlen.

9. Direkt vor dem Servieren mit dem Haselnusskrokant bestreuen.

Tipp!

Für ein besonders cremiges Eis geben Sie die Eismasse in die Eismaschine, bevor Sie sie in die Becher füllen.

Bananeneis mit Milchkaramell und Knusperwaffeln

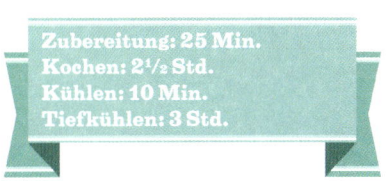

Zubereitung: 25 Min.
Kochen: 2½ Std.
Kühlen: 10 Min.
Tiefkühlen: 3 Std.

Zutaten für 6 bis 8 Portionen

100 g gezuckerte Kondensmilch
   (1 Dose)
120 g Schlagsahne
200 ml Vollmilch
1 Eigelb
2–3 reife Bananen
Saft von 1 Zitrone
125 g Waffelröllchen
130 g Zucker

1. Geben Sie die geschlossene Dose gezuckerter Kondensmilch in einen Topf mit viel Wasser (die Dose muss immer gut bedeckt sein). Bringen Sie das Wasser zum Kochen und lassen Sie die Dose ca. 2,5 Stunden leicht köcheln, dabei immer mal wieder umdrehen, damit nichts anbrennt. Danach die Dose abkühlen lassen und dann im Kühlschrank kühlen.

2. Sahne, Milch und Eigelb in einer Schüssel verrühren und kalt stellen.

3. Die Bananen schälen und pürieren. 170 g Bananenpüree abwiegen. Den Zitronensaft unterrühren.

4. Das Bananenpüree unter die Sahnemischung ziehen und weitere 10 Minuten kalt stellen.

5. Die Waffelröllchen grob zerkrümeln.

6. Die Bananeneismasse abwechselnd mit der gekochten Kondensmilch und den Waffelkrümeln in Becher schichten.

7. Die Eiscreme etwa 3 Stunden im Gefrierfach fest werden lassen.

VARIANTE

Bereiten Sie dieses Rezept
auch einmal mit anderen
Fruchtpürees zu.

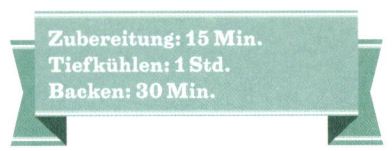

Zutaten für 4 Portionen

450 g Naturjoghurt (3,5 %)

3 Kiwis

2 gehäufte EL flüssiger Honig

Knuspermüsli

50 g Haferflocken (oder andere
   Getreideflocken)

30 g Nüsse (Mandeln, Haselnüsse,
   Pinienkerne)

20 g Saaten (Leinsamen, Sonnen-
   blumen-, Kürbiskerne, Sesam)

60 g Rohrohrzucker

1 EL Zimt

Frozen Yogurt mit Honig, Knuspermüsli und Kiwi

1. Den Joghurt 1 Stunde im Voraus ins Gefrierfach geben.

2. Den Backofen auf 180 °C vorheizen.

3. Für das Knuspermüsli alle Zutaten in einer Schüssel vermengen. Die Mischung auf einem mit Backpapier ausgelegten Backblech verteilen und 30 Minuten ohne Wenden backen.

4. Das Knuspermüsli aus dem Ofen nehmen und in kleine Stücke brechen. Erkalten lassen.

5. Die Kiwis schälen und klein schneiden (einige Kiwiwürfel zum Garnieren beiseitelegen).

···

VARIANTE

Sie können die Kiwis durch
Obst jeder Art ersetzen.

...

Frozen Yogurt mit Honig, Knuspermüsli und Kiwi (Fortsetzung)

6. Den gefrorenen Joghurt mit Kiwistücken und Honig glatt pürieren.

7. Die Joghurtmasse in Becher füllen. Mit Knuspermüsli und Kiwiwürfeln garnieren und sofort servieren.

Tipp!

Sie können das Knuspermüsli mit Zutaten Ihrer Wahl zubereiten. Probieren Sie unterschiedliche Getreideflocken, Nüsse und Saaten aus. Aromatisieren Sie es mit einem Gewürz, mit Zucker oder Honig. Das Müsli bleibt in einem dicht schließenden Behälter bis zu 3 Wochen knusprig.

6

Schokoladeneis mit Brownies und Pekannüssen

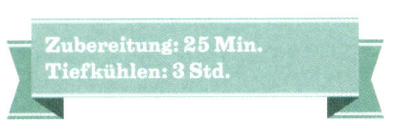

Zubereitung: 25 Min.
Tiefkühlen: 3 Std.

Zutaten für 6 bis 8 Portionen

6 Eigelb

120 g Zucker

300 ml Vollmilch

300 g Schlagsahne

200 g dunkle Kuvertüre

100 g Brownies oder
    Schokoladenrührkuchen
    (Fertigprodukt)

30 g Pekannusskerne, grob gehackt

1. Eigelb und Zucker in eine Schüssel geben und kräftig aufschlagen, bis die Masse blass-cremig ist.

2. Nach und nach unter Rühren die Milch und dann die Sahne zugießen.

3. Die Schüssel auf ein Wasserbad setzen und bei niedriger Hitze rühren, bis die Creme eindickt und einen Kochlöffel überzieht. Die Schüssel vom Wasserbad nehmen und die Creme abdecken.

4. Die Kuvertüre raspeln und unter die Creme ziehen. Vollständig erkalten lassen.

5. Die Brownies in kleine Stücke brechen und zusammen mit den Pekannüssen unter die Schokoladenmasse heben.

6. Die Eismasse in Becher füllen. Mit Frischhaltefolie abdecken und etwa 3 Stunden im Gefrierfach fest werden lassen.

Tipp!

Für noch mehr Schokogenuss beträufeln Sie das Eis vor dem Servieren mit Schokoladensirup.

VARIANTE

Probieren Sie das Rezept auch einmal mit weißer Schokolade, Himbeeren und Pistazien.

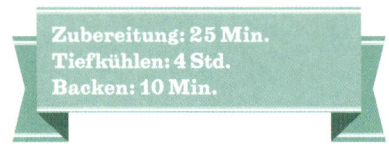

Zutaten für 6 bis 8 Portionen

400 g gut gekühlte Schlagsahne

120 g Puderzucker

100 ml Fruchtsauce (Aprikose oder
   Passionsfrucht)

Makronen

2 Eiweiß (60 g)

65 g gemahlene Mandeln

45 g gemahlene Haselnüsse

75 g Zucker

Aprikosensahneeis
mit Mandel-Nuss-Makronen

1. Den Backofen auf 180 °C vorheizen.

2. Für die Makronen das Eiweiß in einer Schüssel mit dem Handmixer schaumig aufschlagen.

3. Nach und nach Mandeln und Haselnüsse, dann den Zucker einarbeiten.

4. Die Masse in einen Spritzbeutel mit Sterntülle füllen.

5. Kleine Rosetten auf ein mit Backpapier ausgelegtes Backblech spritzen. Im vorgeheizten Backofen 10 Minuten backen.

6. Die Makronen auf einen Teller heben und vollständig erkalten lassen.

...

···

Aprikosensahneeis mit Mandel-Nuss-Makronen (Fortsetzung)

7. Die Makronen zerkrümeln und 120 g abwiegen. Die restlichen Krümel beiseitestellen.

8. Die Sahne mit dem Puderzucker steif schlagen und die Makronenkrümel unterheben.

9. Die Sahne abwechselnd mit der Fruchtsauce und den restlichen Makronen in kleine Becher schichten. Mit Frischhaltefolie abdecken und 4 Stunden im Gefrierfach fest werden lassen.

VARIANTEN

Ersetzen Sie die Fruchtsauce durch Schokoladen- oder Karamellsauce.

Statt Makronen können Sie Butterplätzchen oder Rührkuchen zerkrümeln.

Sie können auch klein gewürfelte Aprikosen in Schritt 8 unter die Sahne heben.

Zitronensahneeis mit Baiser

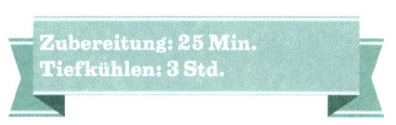

Zubereitung: 25 Min.
Tiefkühlen: 3 Std.

Zutaten für 6 bis 8 Portionen

3 große, unbehandelte Zitronen, gekühlt
170 g Puderzucker
400 g gut gekühlte Crème fraîche
2 EL eiskaltes Wasser
6–8 Butterplätzchen
   (z. B. Bretonische Butterplätzchen)
6 kleine Baisers
50 g Lemon Curd
   (Zitronencremeaufstrich)

1. Die Zitronen 2 Stunden im Voraus in den Kühlschrank geben.

2. Die Zitronen abwaschen. Die Schale fein abreiben und den Saft auspressen.

3. Ein Drittel des Zitronenabriebs in einer Schüssel mit Zitronensaft und Puderzucker glatt rühren.

4. Die Crème fraîche mit 2 Esslöffeln Eiswasser aufschlagen, bis sie fest ist. Vorsichtig die Zitronenmischung unterziehen.

5. Die Plätzchen grob zerkrümeln und in kleine Becher geben. Die Crème-fraîche-Masse daraufgeben.

6. Mit Frischhaltefolie abdecken und 3 Stunden im Gefrierfach fest werden lassen.

7. Vor dem Servieren mit den zerkrümelten Baisers bestreuen und mit dem Lemon Curd überziehen. Mit dem restlichen Zitronenabrieb garnieren.

VARIANTEN

Sie können die Baisers durch gezuckerte Schlagsahne ersetzen.

Für ein Lemon-Curd-Eis Zitronen und Puderzucker durch 100 g Lemon Curd ersetzen und unter die Crème fraîche ziehen.

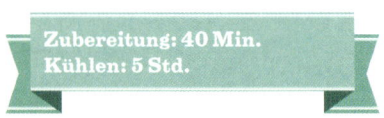

Zubereitung: 40 Min.
Kühlen: 5 Std.

Gefrierzeit

40 Min. (Eismaschine)
oder 3 Std. (Gefrierfach)

Tiefkühlen: 3 Std.

Zutaten für 6 bis 8 Portionen

Mojito-Sorbet

4 große, unbehandelte Zitronen,
    gekühlt
170 g Puderzucker
2 EL kalter weißer Rum
5 Minzblätter, gehackt
40 g Zucker zum Garnieren

Piña-Colada-Eis

2 Eigelb
100 g Zucker, plus 40 g zum
    Garnieren
500 ml Vollmilch
250 g Schlagsahne
100 ml Kokosrum (z. B. Malibu®)
80 g Kokosraspel
30 g getrocknete Ananas, gewürfelt

Mojito-Sorbet

1. Eine Zitrone abwaschen und die Schale fein abreiben. 450 ml Wasser in einem Topf zum Kochen bringen. Zitronenschale und Puderzucker zufügen und bei kleiner Hitze zu einem Sirup einköcheln lassen. Den Herd ausschalten und den Sirup erkalten lassen.

2. Rum und Minze in den Sirup rühren und 5 Stunden im Kühlschrank ziehen lassen.

3. Den Sirup durch ein Haarsieb in eine Schüssel gießen. Die restlichen Zitronen auspressen und den Saft in den Sirup rühren. Die Mischung in die Eismaschine geben und nach Angaben des Herstellers zu Sorbet verarbeiten (etwa 40 Minuten).

4. Den Zucker auf einem Teller verteilen. Vor dem Servieren den Rand von sechs bis acht Gläsern befeuchten und in den Zucker tauchen. Das Sorbet hineinfüllen und sofort servieren.

Piña-Colada-Eis

1. Eigelb und 100 g Zucker in eine Schüssel geben und kräftig aufschlagen, bis die Masse blass-cremig ist.

2. Milch und Sahne in einen Topf füllen und bei niedriger Hitze kurz aufkochen. Nach und nach unter Rühren in die Eiermasse gießen. Den Rum unterrühren.

3. Die Schüssel auf ein Wasserbad setzen und bei niedriger Hitze rühren, bis die Creme eindickt und einen Kochlöffel überzieht. Die Schüssel vom Wasserbad nehmen. Kokosraspel und Ananas unterrühren. Abgedeckt erkalten lassen.

4. Den Zucker zum Garnieren auf eine Untertasse geben. Den Rand von sechs bis acht Gläsern befeuchten und in den Zucker tauchen. Die Creme in die Gläser füllen und 3 Stunden im Gefrierfach fest werden lassen.

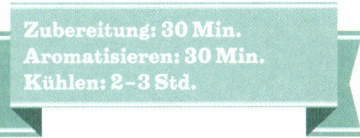

Zubereitung: 30 Min.
Aromatisieren: 30 Min.
Kühlen: 2–3 Std.

Gefrierzeit

25 Min. (Eismaschine)
oder 4–5 Std. (Gefrierfach)

Tiefkühlen: 1 Std.

Zutaten für 4 bis 6 Portionen

750 ml Vollmilch

½ Vanillestange

6 Eigelb

260 g Zucker

1 Päckchen Vanillezucker

250 g Doppelrahmfrischkäse

Saft von 1 gekühlten Zitrone

200 ml Kondensmilch

150 g Spekulatius

150 ml Kirschsauce

Cheesecake-Eis mit Spekulatius

1. Die Vollmilch in einen Topf füllen. Die Vanillestange längs aufschlitzen und das Mark mit einem kleinen Messer herauskratzen. Vanillestange und Mark zur Milch in den Topf geben. Die Milch bei niedriger Hitze kurz aufkochen, dann den Herd ausschalten und die Milch 30 Minuten bei aufgesetztem Deckel ziehen lassen.

2. Eigelb, Zucker und Vanillezucker in eine Schüssel geben und kräftig aufschlagen, bis die Masse blass-cremig ist.

3. Die Vanillestange aus der Milch nehmen und die Milch nach und nach unter Rühren in die Eiermasse gießen. Die Schüssel auf ein Wasserbad setzen und bei niedriger Hitze rühren, bis die Creme eindickt und einen Kochlöffel überzieht. Die Schüssel vom Wasserbad nehmen und die Creme erkalten lassen. Dann 2–3 Stunden im Kühlschrank kühlen.

4. In einer Schüssel den Frischkäse mit dem Zitronensaft glatt rühren. Dann Kondensmilch und Eiercreme einarbeiten.

5. Die Creme in die Eismaschine füllen und nach Angaben des Herstellers zu Eiscreme verarbeiten (etwa 25 Minuten).

6. Die Spekulatius grob zerkrümeln.

7. Je 1 Esslöffel Spekulatiuskrümel in die Becher geben. Die Eiscreme hineingeben und mit der Kirschsauce überziehen; 1 Stunde im Gefrierfach fest werden lassen.

Eisdesserts &
Eistorten

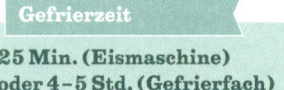

Gefrierzeit

**25 Min. (Eismaschine)
oder 4–5 Std. (Gefrierfach)**

Zubereitung: 30 Min.

Zutaten für 6 Portionen

2 Eigelb
80 g Zucker
300 ml Mandelmilch
150 g Schlagsahne
1 gehäufter EL Speisestärke
3 EL Karamellsirup
20 g ungesalzene Erdnüsse, gehackt

Mandeleis mit Erdnusssplittern und Karamellsauce

1. Eigelb und Zucker in eine Schüssel geben und kräftig aufschlagen, bis die Masse blass-cremig ist.

2. Mandelmilch und Sahne in einen Topf füllen und die Speisestärke unterrühren. Bei niedriger Hitze kurz aufkochen. Die Mischung nach und nach unter Rühren in die Eiermasse gießen.

3. Die Schüssel auf ein Wasserbad setzen und bei niedriger Hitze rühren, bis die Creme eindickt und einen Kochlöffel überzieht. Die Schüssel vom Wasserbad nehmen und die Creme abgedeckt erkalten lassen.

4. Die Creme in die Eismaschine füllen und nach Angaben des Herstellers zu Eiscreme verarbeiten (etwa 25 Minuten).

5. Die Eiscreme in einen Spritzbeutel füllen und rosettenförmig in sechs Becher spritzen. Mit Karamellsirup überziehen und mit den Erdnüssen bestreuen. Sofort servieren.

Tipp!

Sie können dieses Dessert im Voraus zubereiten und bis zum Servieren ohne Garnierung im Gefrierfach aufbewahren.

VARIANTE

Ersetzen Sie den Karamellsirup durch eine Fruchtsauce und die Erdnüsse durch gehackte dragierte Mandeln.

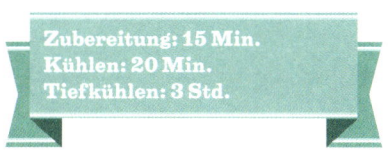

Zubereitung: 15 Min.
Kühlen: 20 Min.
Tiefkühlen: 3 Std.

Zutaten für 4 Portionen

Vanilleeis

750 ml Vollmilch

1 Vanillestange

6 Eigelb

260 g Zucker

1 Päckchen Vanillezucker

Mokkaeis

200 g gut gekühlte Schlagsahne

1 EL Kaffeelikör

Zum Garnieren

50 g Schokoladentröpfchen

100 ml gut gekühlter Kaffee

geschlagene Sahne oder Sprühsahne

1 EL Kakaopulver

Eiskaffee mit zweierlei Eis

1. Das Vanilleeis wie auf Seite 8 beschrieben zubereiten.

2. Für das Mokkaeis die Sahne in eine Rührschüssel füllen und 20 Minuten im Kühlschrank kühlen.

3. Die Sahne steif schlagen und nach und nach den Kaffeelikör einarbeiten.

4. Die Mokkasahne in einen flachen Behälter füllen und 3 Stunden im Gefrierfach fest werden lassen.

5. Vanille- und Mokkaeiskugeln in schöne Dessertgläser geben und mit gekühltem Kaffee aufgießen. Mit Schokoladentröpfchen bestreuen. Einen Tupfen Sahne daraufgeben und mit Kakao bestäuben.

VARIANTE

Bereiten Sie mit Schokoladeneis und Schokoladensirup eine Eisschokolade zu.

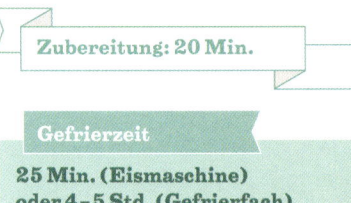

Zubereitung: 20 Min.

Gefrierzeit

**25 Min. (Eismaschine)
oder 4–5 Std. (Gefrierfach)**

Tiefkühlen: 1 Std.

Zutaten für 5 Portionen

5 Zitronen, gekühlt
1 Eiweiß
120 g Zucker
100 ml eiskaltes Wasser
600 ml kalter Zitronensaft

Gefrostete Zitronen

1. Von den Zitronen eine Kappe abschneiden und das Fruchtfleisch herauslösen, fein hacken und in eine Schüssel geben.

2. Das Eiweiß in einer zweiten, hitzebeständigen Schüssel im Wasserbad steif schlagen und dabei nach und nach den Zucker einstreuen, bis die Masse fest und glänzend ist. Die Schüssel aus dem Wasserbad nehmen.

3. 100 ml kaltes Wasser, Zitronensaft und -fruchtfleisch vorsichtig unter die Eiweißmasse heben.

4. Die Masse in die Eismaschine füllen und nach Angaben des Herstellers zu Sorbet verarbeiten (etwa 25 Minuten).

5. Das Sorbet in die ausgehöhlten Zitronenschalen füllen und im Gefrierfach 1 Stunde fest werden lassen.

VARIANTE

Sie können dieses Sorbet mit jeder anderen Zitrusfrucht zubereiten, wie Orangen (siehe Abbildung), Mandarinen (dabei nur 80 g Zucker verwenden), Grapefruit oder Limette, oder aber auch mit Kokosnuss.

Tipp!

**Das Wasser und die Früchte sollten
wirklich sehr gut gekühlt sein.**

Eistörtchen
„Vanille mit Mandelkrokant"

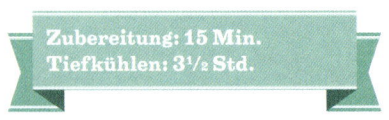

Zubereitung: 15 Min.
Tiefkühlen: 3¹/₂ Std.

Zutaten für 6 Portionen

30 g Butter
150 g Mandelkrokant
1 l Vanilleeis (Rezept siehe S. 8)
6 kleine Baisers

1. Sechs Förmchen mit der Butter einfetten und mit dem Krokant ausstreuen, sodass Boden und Seiten bedeckt sind. Die Förmchen 30 Minuten tiefkühlen.

2. Die Förmchen zu zwei Dritteln mit dem Vanilleeis füllen und dabei eine kleine Mulde in die Mitte drücken.

3. Je ein Baiser hineinsetzen.

4. Mit Vanilleeis bedecken und mit Krokant bestreuen.

...

...

Eistörtchen (Fortsetzung)

5. Die Förmchen mit Frischhaltefolie abdecken und weitere 3 Stunden tiefkühlen.

6. Vor dem Servieren die Förmchen kurz in heißes Wasser halten, damit sich die Eistörtchen leichter auf Dessertteller stürzen lassen. Gegebenenfalls mit weiterem Krokant bestreuen und sofort servieren.

VARIANTE

Diese Zubereitung können Sie nach Belieben abwandeln, z. B. mit einer anderen Eissorte, mit gehackten Nüssen oder Kekskrümeln statt Krokant, mit Schokolade, einem Bonbon, einem Teelöffel Nussnougatcreme, Karamellsauce, Konfitüre etc. statt Baiser.

Tipp!

Kleiden Sie die Förmchen mit Frischhaltefolie aus. So lassen sich die Eistörtchen besonders einfach herauslösen.

Zubereitung: 15 Min.

Eis-Sandwiches

Zutaten für 8 Sandwiches

16 dünne, runde Waffelkekse
500 ml Eiscreme nach Belieben
50 g bunte Schokoladenstreusel

1. Die Eiscreme 10 Minuten bei Raumtemperatur antauen lassen.

2. Je 1–2 gehäufte Esslöffel Eiscreme auf die Hälfte der Waffeln geben und die restlichen Waffeln darauflegen. Mit einer leichten Drehbewegung andrücken, ohne die Waffeln zu zerbrechen, um das Eis gleichmäßig zwischen den Waffeln zu verteilen.

3. Den Rand der Sandwiches in den Schokoladenstreuseln wenden. Auf einem Teller anrichten und sofort servieren.

Tipp!

Die Sandwiches sollten erst unmittelbar vor dem Servieren zusammengesetzt werden, damit die Waffeln schön knusprig bleiben.

VARIANTE

Ersetzen Sie die Waffeln durch kreisförmig ausgeschnittenes süßes Hefebrot oder Rührkuchen.

Französische Eistorte: Vacherin

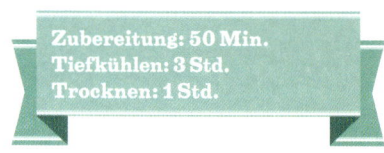

Zubereitung: 50 Min.
Tiefkühlen: 3 Std.
Trocknen: 1 Std.

Zutaten für 6 Portionen

1 l Vanilleeis (Rezept siehe S. 8)

1 l Johannisbeersorbet (Rezept für
   Fruchtsorbet siehe S. 20)

6 Eiweiß

1 Prise Salz

200 g Puderzucker

160 g Zucker

Zum Garnieren

1 Eiweiß

30 g Zucker

2 Rispen Johannisbeeren

geschlagene Sahne oder Sprühsahne

1. Eine runde Form (20–22 cm Durchmesser) mit Frischhaltefolie auskleiden. Erst das Vanilleeis, dann das Johannisbeersorbet darin verstreichen und 3 Stunden im Gefrierfach fest werden lassen.

2. Den Backofen auf 110 °C vorheizen.

3. Das Eiweiß in einer Schüssel mit dem Salz steif schlagen. Dabei den Puderzucker und dann den Zucker unterrühren (bei mittlerer Geschwindigkeit, da die Masse zunehmend fester wird).

4. Die Eiweißmasse in einen Spritzbeutel füllen. Einen Kreis von 20 cm Durchmesser auf einen Bogen Backpapier zeichnen und auf ein Backblech legen. Den Kreis mit der Eiweißmasse ausspritzen. Mit der restlichen Masse acht bis neun Baisers aufspritzen. Im vorgeheizten Ofen 1 Stunde trocknen lassen.

5. Den Herd ausschalten, die Ofentür einen Spalt öffnen und die Baisers 5 Minuten ruhen lassen. Dann aus dem Ofen nehmen und erkalten lassen.

6. Inzwischen für die Garnierung das Eiweiß in einer Schüssel leicht aufschlagen. Den Zucker in einen Suppenteller geben.

7. Die Johannisbeeren erst ins Eiweiß tauchen, dann im Zucker wenden und auf einem Bogen Backpapier trocknen lassen.

8. Das Eis aus der Form lösen und auf die Baiserscheibe setzen. Mit den Johannisbeeren und Sahnetupfen garnieren. Die kleinen Baisers am Rand andrücken. Sofort servieren.

Honigeis mit Nüssen und kandierten Früchten

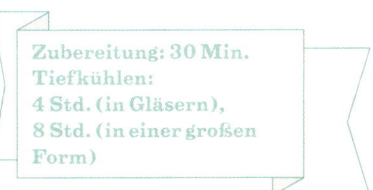

Zubereitung: 30 Min.
Tiefkühlen:
4 Std. (in Gläsern),
8 Std. (in einer großen
Form)

Zutaten für 6 Portionen

80 g Mandelstifte, Pinienkerne und
Pistazien, gemischt

70 g Zucker

1½ EL flüssiger Akazienhonig

2 gekühlte Eier

1 Prise Salz

200 g gut gekühlte Schlagsahne

50 g gemischte kandierte Früchte,
klein gehackt

rote Fruchtsauce (Rezept siehe S. 93)

Mandelblättchen und gehackte
kandierte Früchte zum Garnieren

1. Die Nussmischung in einer beschichteten Pfanne ohne Fettzugabe 3 Minuten rösten. Mit 40 g Zucker bestreuen und karamellisieren lassen. Dabei mit einem Holzlöffel rühren, um die Nüsse zu trennen. Auf einem Bogen Backpapier verteilen und erkalten lassen.

2. Für die Eismasse den Honig in einem Topf erhitzen.

3. Die Eier trennen. Eigelb und restlichen Zucker in eine Schüssel geben und kräftig aufschlagen.

4. Das Eiweiß in einer gut gekühlten Schüssel mit dem Salz steif schlagen. Den heißen Honig unter ständigem Rühren zugießen. Den Eischnee nach und nach unter die Eigelbmasse heben.

5. Die Sahne in einer gekühlten Schüssel steif schlagen und vorsichtig unter die Eiermasse ziehen. Kandierte Früchte und die Nüsse unterheben.

6. Eine Kastenform mit Backpapier auskleiden und die Masse einfüllen (oder in sechs Förmchen füllen). Mit Frischhaltefolie abdecken und je nach Größe der Form 4–8 Stunden im Gefrierfach fest werden lassen.

7. Aus der Form lösen, mit Mandelblättchen und gehackten kandierten Früchten bestreuen und sofort mit der Fruchtsauce servieren.

Zubereitung: 40 Min.
Aromatisieren: 30 Min.
Kühlen: 1 Std.
Tiefkühlen: 5 Std.

Zutaten für 6 Portionen

750 ml Vollmilch

1 Vanillestange

6 Eigelb

260 g Zucker

300 g gekühlte Maronencreme
   (z. B. von Bonne Maman oder
   Zuegg)

13 gegarte, geschälte Maronen
   (Fertigprodukt)

etwas Butter

20 g Puderzucker

4 große oder 8 kleine Schokoladen-
   macarons

50 g Schokoladentröpfchen

Zum Garnieren

5 kleine Macarons

1 EL Kakaopulver

1 EL Puderzucker

Maroneneis mit Macarons und Schokostückchen

1. Die Milch in einen Topf füllen. Die Vanillestange längs aufschlitzen und das Mark mit einem kleinen Messer herauskratzen. Vanillestange und Mark zur Milch in den Topf geben. Die Milch bei niedriger Hitze kurz aufkochen, dann den Herd ausschalten und die Milch 30 Minuten bei aufgesetztem Deckel ziehen lassen.

2. Eigelb und Zucker in eine Schüssel geben und kräftig aufschlagen, bis die Masse blass-cremig ist.

3. Die Vanillestange aus der Milch nehmen und die Milch nach und nach unter Rühren in die Eiermasse gießen.

4. Die Schüssel auf ein Wasserbad setzen und bei niedriger Hitze rühren, bis die Creme eindickt und einen Kochlöffel überzieht. Die Schüssel vom Wasserbad nehmen und die Creme abgedeckt erkalten lassen.

5

5. Die Maronencreme unter die Eiercreme ziehen und 1 Stunde im Kühlschrank kühlen.

6. Die Butter in einer Pfanne schmelzen. Puderzucker und Maronen zugeben und die Esskastanien unter Rühren karamellisieren. Die kandierten Maronen zerkleinern.

7. Die Hälfte der kandierten Maronen und der Schokoladentröpfchen unter die Maronencreme mischen.

8. Eine Kastenform so mit Backpapier auskleiden, dass das Papier weit über den Rand der Form ragt.

9. Große Macarons halbieren und mit den restlichen Schokoladentröpfchen gleichmäßig in der Form verteilen.

6

9

...

Maroneneis mit Macarons und Schokostückchen (Fortsetzung)

10. Die Maronencreme einfüllen und glatt streichen. Mit Frischhaltefolie abdecken und 5 Stunden im Gefrierfach fest werden lassen.

11. Das Eis auf eine Platte stürzen und das Backpapier abziehen. Mit Macarons und den restlichen kandierten Maronen garnieren. Mit Kakao und Puderzucker bestäuben.

10

Zubereitung: 1 Std. 30 Min.
Kühlen: 2–3 Std.
Gefrierzeit: 25 Min.
(Eismaschine)
Tiefkühlen: 4 Std.

Schokoladen-Lasagne mit Sahneeis

Zutaten für 6 Portionen

300 g Schlagsahne

6 Eigelb

200 g Zucker

1 l Mandelmilch

1 gehäufter EL Speisestärke

100 g dunkle Kuvertüre

200 g gebrauchsfertige
    Schokoladenfettglasur

20 g Kakaopulver, zum Bestäuben

1. Die Sahne und eine Rührschüssel kalt stellen.

2. Eigelb und Zucker in eine zweite Schüssel geben und kräftig aufschlagen, bis die Masse blass-cremig ist. Die Mandelmilch nach und nach unter Rühren in die Eiermasse gießen. In einen Topf füllen und die Speisestärke einstreuen. Bei niedriger Hitze rühren, bis die Creme eindickt und einen Kochlöffel überzieht. Wieder in eine Schüssel umfüllen und erkalten lassen. Dann 2–3 Stunden im Kühlschrank kühlen.

3. Eine kleine Kastenform (ca. 20 cm Länge) so mit Backpapier oder Frischhaltefolie auskleiden, dass das Papier/die Folie weit über die Ränder der Form ragt, und 1 Stunde ins Gefrierfach stellen.

4. Die Creme aus dem Kühlschrank nehmen, in die Eismaschine geben und nach Angaben des Herstellers zu Eiscreme verarbeiten (etwa 25 Minuten).

5. Die Hälfte der Eiscreme in die vorbereitete Form füllen und ins Gefrierfach stellen.

6. Die Kuvertüre im Wasserbad schmelzen.

7. Die flüssige Kuvertüre mithilfe einer Palette auf einem mit Back-papier belegten Backblech zu einer dünnen Schicht ausstreichen (in der Länge der Kastenform, aber mit der dreifachen Breite). Im Gefrierfach fest werden lassen.

8. Aus der Platte drei Rechtecke mit den Maßen der Kastenform zurecht-schneiden und vorsichtig das Backpapier abziehen. Ein Rechteck auf das Eis legen und die Kastenform sofort wieder ins Gefrierfach stellen. Die Schokoladenglasur nach Packungsanleitung schmelzen.

9. Die Sahne in der gekühlten Schüssel steif schlagen und in einen Spritzbeutel füllen.

10. Die Kastenform wieder aus dem Gefrierfach nehmen. Die Hälfte der verflüssigten Glasur in Zickzacklinien auf die Schokoladenplatte auftragen.

...

Schokoladen-Lasagne mit Sahneeis *(Fortsetzung)*

11. Die Hälfte der Sahne daraufspritzen und vorsichtig mit einer zweiten Schokoladenplatte bedecken.

12. Die Form wieder ins Gefrierfach geben und die Sahne im Spritzbeutel kalt stellen.

13. Die restliche Glasur wieder im Zickzackmuster auftragen. Mit der letzten Schokoladenplatte und dem restlichen Eis bedecken. Etwa 3 Stunden im Gefrierfach fest werden lassen.

14. Die Eis-Lasagne auf eine Platte stürzen und das Papier/die Folie abziehen. Mit der restlichen Schlagsahne garnieren und mit Kakaopulver bestäuben.

VARIANTE

Ersetzen Sie die dunkle durch weiße Kuvertüre, die Schokoladenfettglasur durch eine rote Fruchtsauce und geben Sie noch ein paar Rumkirschen mit ins Eis.

11

13

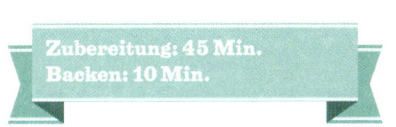

Zubereitung: 45 Min.
Backen: 10 Min.

Zutaten für 6 Portionen

1,5 l Vanilleeis, in einer Kastenform
  gefroren (Rezept siehe S. 8)

Biskuit

1 EL Pflanzenöl, zum Einfetten
4 Eier (Größe L)
120 g Zucker
60 g Mehl, gesiebt
40 g Speisestärke

Sirup

40 g Zucker
5 EL Orangenlikör (z. B. Cointreau®
  oder Grand Marnier®)

Baisermasse

3 gekühlte Eiweiß
1 Prise Salz
100 g Puderzucker, gesiebt,
  plus 1 EL zum Bestäuben
100 g Zucker

Tipp!

**Damit der Kontrast
zwischen heiß und kalt
zur Geltung kommt, sollte
dieses Dessert direkt aus
dem Ofen serviert werden.
Sie können auch andere
Eissorten dafür verwenden.**

Eistorte mit warmer Baiserhaube

1. Den Backofen auf 210 °C vorheizen. Ein Backblech dünn einfetten und mit Backpapier belegen.

2. Für den Biskuit die Eier trennen. Eigelb und 100 g Zucker in eine Schüssel geben und aufschlagen, bis die Masse blass-cremig ist. Nach und nach Mehl und Speisestärke unterheben. Das Eiweiß mit dem restlichen Zucker steif schlagen und unter die Masse heben.

3. Den Biskuitteig auf dem vorbereiteten Backblech verstreichen (ungefähr in der Größe der Kastenform vom Vanilleeis) und 8 Minuten im vorgeheizten Ofen backen.

4. Die Teigplatte auf ein Kuchengitter stürzen und das Backpapier abziehen. Erkalten lassen.

5. Für den Sirup den Zucker mit 150 ml Wasser in einen Topf geben und 4–5 Minuten kochen. Den Topf vom Herd nehmen und den Likör unterrühren. Den Biskuit auf die Maße der Kastenform (in der sich das Vanilleeis befindet) zurechtschneiden und mit dem Sirup tränken. Auf ein Backblech legen.

6. Den Backofen auf 240 °C vorheizen.

7. Für die Baisermasse das Eiweiß mit dem Salz steif schlagen. Den Puderzucker und dann den Zucker unter Rühren einrieseln lassen. Die Masse sollte fest und glänzend sein.

8. Das Vanilleeis auf das Biskuitrechteck stürzen und mithilfe einer Spritztülle oder einer Palette mit der Baisermasse umhüllen. Mit Puderzucker bestäuben.

9. Die Eistorte 2–3 Minuten in den vorgeheizten Ofen geben, bis das Baiser die gewünschte Bräunung hat. Sofort servieren.

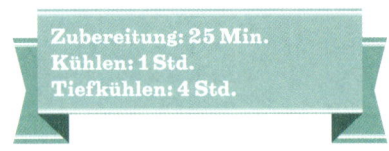

Zubereitung: 25 Min.
Kühlen: 1 Std.
Tiefkühlen: 4 Std.

Geeistes Erdbeersoufflé

Zutaten für 6 Portionen

300 g Erdbeeren

120 g Zucker

2 Eiweiß

50 g Puderzucker

450 g gekühlte Schlagsahne

1. Die Ränder von sechs Förmchen außen mit Backpapierstreifen umlegen, die den Rand der Form um einige Zentimeter überragen, und das Backpapier festbinden.

2. Die Erdbeeren waschen und putzen. Drei schöne Erdbeeren zum Garnieren zur Seite legen. Die restlichen Beeren mit dem Zucker im Mixer glatt pürieren und 1 Stunde kalt stellen.

3. Das Eiweiß steif schlagen und dabei den Puderzucker einrieseln lassen.

4. Die Sahne in einer gekühlten Schüssel (30 Minuten im Voraus in den Kühlschrank stellen) steif schlagen. Unter den Eischnee heben.

5. Nach und nach das Erdbeerpüree unterziehen.

6. Die Masse in die vorbereiteten Förmchen füllen. Mit Frischhaltefolie abdecken und 4 Stunden im Gefrierfach fest werden lassen.

7. Frischhaltefolie und Backpapierrand abnehmen und die Eissoufflés mit halbierten Erdbeeren garnieren. Sofort servieren.

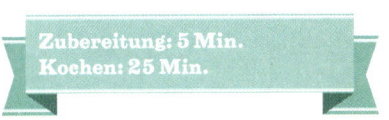

Zutaten für 6 Portionen

1 kg frische rote Beeren
   (oder andere Früchte)
300 g Zucker

Fruchtsauce

1. Die Beeren in einem Topf mit dem Zucker mischen und 25 Minuten bei mittlerer Hitze köcheln, dann erkalten lassen.

2. Die Masse im Mixer pürieren und durch ein Haarsieb in eine Schüssel passieren.

3. Die Fruchtsauce in eine Flasche füllen. Sie hält sich im Kühlschrank maximal 10 Tage.

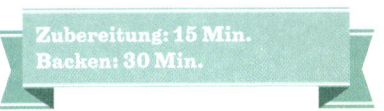

Zutaten für 6 bis 8 Hörnchen

1 Ei
70 g Butter
120 g Zucker
130 g Weizenmehl

Eishörnchen

1. Das Ei schaumig schlagen.

2. Die Butter würfeln und mit 150 ml heißem Wasser in einem großen Topf schmelzen.

3. Den Topf vom Herd nehmen. Ei, Zucker und Mehl kräftig unter die Buttermischung rühren.

4. Eine kleine Kelle Teig in ein heißes Waffeleisen geben und 2–3 Minuten backen; die Waffel sollte noch weich sein.

5. Die Waffel sofort kegelförmig aufrollen und die Spitze zusammendrücken.

6. Mit dem restlichen Teig ebenso verfahren.

7. Die Eishörnchen auf einem Kuchengitter vollständig abkühlen lassen. In einem Behälter luftdicht aufbewahren.

Tipp!

Für besonders leckere Eishörnchen können Sie den Rand der Hörnchen in geschmolzene Schokolade und dann in bunte Zuckerperlen oder Schokoladenstreusel tauchen.

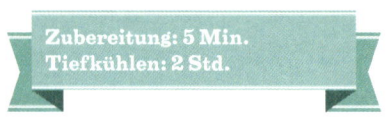
Zubereitung: 5 Min.
Tiefkühlen: 2 Std.

Passionsfruchtgranita

Zutaten für 5 Portionen

1 Passionsfrucht (Maracuja)
500 ml Passionsfruchtsaft

1. Die Passionsfrucht halbieren und das Fruchtfleisch herauslösen, mit dem Passionsfruchtsaft vermischen.

2. Die Mischung in einen gefriergeeigneten flachen Behälter füllen und 1 Stunde tiefkühlen.

3. Die Masse mit einer Gabel aufkratzen, damit Eiskristalle entstehen, und erneut 1 Stunde ins Gefrierfach stellen.

Zubereitung: 5 Min.

Sorbetsmoothie

Zutaten für 2 Gläser

300 g Naturjoghurt (3,5 %)
300 ml Birnensorbet
75 ml Milch, bei Bedarf
Kakaopulver, zum Bestäuben

1. Joghurt und Sorbet im Mixer pürieren. Wenn die Mischung zu dickflüssig ist, etwas Milch einarbeiten.

2. Den Smoothie in zwei Gläser füllen, mit Kakaopulver bestäuben und sofort servieren.

Zubereitung: 5 Min.

Johannisbeermilchshake

Zutaten für 2 Gläser

200 ml kalte Milch
2 Kugeln rotes Johannisbeersorbet

1. Milch und Sorbet im Mixer pürieren.

2. Den Milchshake in zwei Gläser füllen und sofort servieren.

Danksagung

Mein großer Dank geht an Christelle Chavignaud und an die Firma Lagrange für
die sehr praktische, formschöne und leicht zu bedienende Eismaschine.

Danke auch an das ganze Team von Mango für diese neue, sehr reizvolle Kochbuchserie.

Mein Dank richtet sich zudem an Gwénaël für seine Einfälle und die sehr schönen Fotos.
Danke auch an Julie für ihre wertvolle Unterstützung.

Impressum

ISBN 978-3-572-08218-6
1. Auflage

© 2016 by Bassermann Inspiration, einem Unternehmen der Verlagsgruppe
Random House GmbH, Neumarkter Str. 28, 81673 München

© der Originalausgabe „Glaces et dessert glacés": Mango, Paris – 2014;
Text by Isabel Brancq-Lepage, Photos by Gwénaël Quantin

Die Verwertung der Texte und Bilder, auch auszugsweise, ist ohne Zustimmung des Verlags urheberrechtswidrig und strafbar.
Dies gilt auch für Vervielfältigungen, Übersetzungen, Mikroverfilmung und für die Verarbeitung mit elektronischen Systemen.

Der Verlag weist ausdrücklich darauf hin, dass im Text enthaltene externe Links vom Verlag nur bis
zum Zeitpunkt der Buchveröffentlichung eingesehen werden konnten. Auf spätere Veränderungen
hat der Verlag keinerlei Einfluss. Eine Haftung des Verlags ist daher ausgeschlossen.

Umschlaggestaltung: Atelier Versen, Bad Aibling
Fotos: Gwénaël Quantin
Foodstyling: Isabel Brancq-Lepage
Herstellung: Elke Cramer
Projektleitung: Anja Halveland

Die Ratschläge in diesem Buch sind von der Autorin und vom Verlag sorgfältig erwogen und geprüft,
dennoch kann eine Garantie nicht übernommen werden. Eine Haftung der Autorin bzw. des Verlags und
seiner Beauftragten für Personen-, Sach- und Vermögensschäden ist ausgeschlossen.

Realisation der deutschen Ausgabe: trans texas publishing services GmbH, Köln
Übersetzung: Lisa Heilig, Köln

Druck und Verarbeitung: Druckerei Theiss, St. Stefan im Lavanttal
Printed in Austria

FSC
www.fsc.org

MIX
Papier aus verantwor-
tungsvollen Quellen
FSC® C012536

Verlagsgruppe Random House FSC® N001967